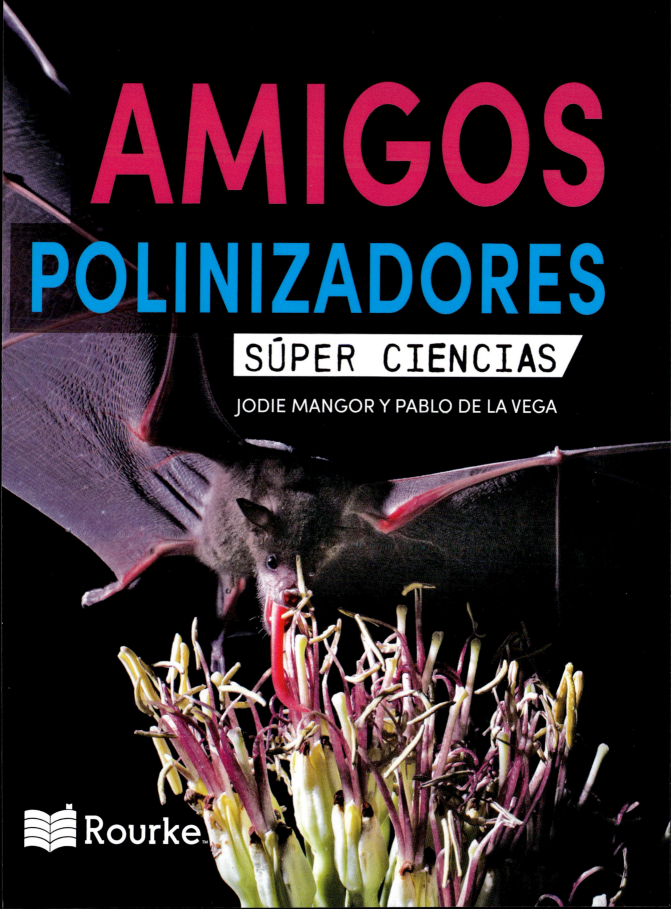

CONEXIONES de la ESCUELA a la CASA DE ROURKE

ANTES Y DURANTE LAS ACTIVIDADES DE LECTURA

Antes de la lectura: *Desarrollo del conocimiento del contexto y el vocabulario*

Construir el conocimiento del contexto puede ayudar a los niños a procesar la nueva información y a usar la que ya conocen. Antes de leer un libro es importante utilizar lo que ya saben los niños acerca del tema. Esto los ayudará a desarrollar su vocabulario e incrementar su comprensión de la lectura.

Preguntas y actividades para desarrollar el conocimiento del contexto:

1. Ve la portada del libro y lee el título. ¿De qué crees que trata este libro?
2. ¿Qué sabes de este tema?
3. Hojea el libro y echa un vistazo a las páginas. Ve el índice, las fotografías, los pies de foto y las palabras en negritas. ¿Estas características del texto te dan información o te ayudan a hacer predicciones acerca de lo que leerás en este libro?

Vocabulario: *El vocabulario es la clave para la comprensión de la lectura*

Use las siguientes instrucciones para iniciar una conversación acerca de cada palabra.

- Lee las palabras del vocabulario.
- ¿Qué te viene a la mente cuando ves cada palabra?
- ¿Qué crees que significa cada palabra?

Palabras del vocabulario:
- adaptan
- cultivos
- especies
- estiércol
- mamíferos
- néctar
- polinizadores
- se ciernen

Durante la lectura: *Leer para entender y conocer los significados*

Para lograr una profunda comprensión de un libro, se anima a los niños a que usen estrategias de lectura detallada. Durante la lectura, es importante hacer que los niños se detengan y establezcan conexiones. Esas conexiones darán como resultado un análisis y entendimiento más profundo de un libro.

Lectura detallada de un texto

Durante la lectura, pida a los niños que se detengan y hablen acerca de lo siguiente:

- Partes que sean confusas.
- Palabras que no conozcan.
- Conexiones texto a texto, texto a ti mismo, texto al mundo.
- La idea principal de cada capítulo o encabezado.

Anime a los niños a usar las pistas del contexto para determinar el significado de las palabras que no conozcan. Estas estrategias los ayudarán a aprender a analizar el texto más minuciosamente mientras leen.

Cuando termine de leer este libro, vaya a la penúltima página para ver las **Preguntas relacionadas con el contenido** y una **Actividad de extensión**.

ÍNDICE

POLINIZADORES............................. 4
ABEJAS Y OTROS INSECTOS.................. 8
AVES Y MURCIÉLAGOS...................... 14
POLINIZADORES GRANDES................... 18
ACTIVIDAD............................... 21
GLOSARIO................................ 22
ÍNDICE ALFABÉTICO....................... 23
PREGUNTAS RELACIONADAS CON EL CONTENIDO 23
ACTIVIDAD DE EXTENSIÓN.................. 23
ACERCA DE LA AUTORA..................... 24

POLINIZADORES

¿Te gustan las manzanas? ¿Qué dices de las almendras? ¿Los pepinos? Si es así, ¡puedes agradecerle a las abejas! Ellas actúan como seres **polinizadores**. Ayudan a las plantas a reproducirse.

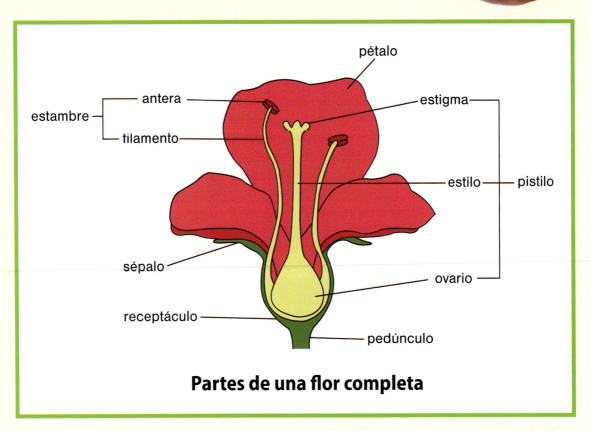

Partes de una flor completa

Para producir una semilla la parte femenina de la planta, llamada pistilo, necesita polen de la parte masculina de la flor, llamada estambre.

¡El poder del polen!
Los polinizadores llevan el polen de la parte masculina a la parte femenina de la flor. A veces, las partes masculina y femenina se encuentran en flores separadas.

Así es como una abeja completa su trabajo: visita una flor y recolecta su pegajoso **néctar**. El polen de la parte masculina de la flor se pega a la abeja. La abeja vuela hacia otra flor. El polen se despega. Si el polen cae en la parte femenina de la flor, podría nacer una semilla. En ocasiones una fruta, como una manzana o un pepino, crece alrededor de la semilla.

La mayoría de los polinizadores son insectos, pero las aves y otros animales también pueden serlo. Muchas plantas y polinizadores se **adaptan** entre sí. El color y el olor de una flor son importantes. También lo son su tamaño y forma. Esto ayuda a atraer a ciertos polinizadores.

Las flores de los saguaros pueden ser polinizadas por murciélagos, pájaros carpinteros e insectos.

¿Uno o muchos?
Algunos polinizadores visitan muchos tipos de plantas. Otros polinizan solo un tipo de planta.

mariposa pavo real

Las polillas se posan en las flores de olor más fuerte y más dulce. Las flores rojas atraen a insectos distintos a los que atraen las flores moradas. Las aves usan sus largos picos para llegar a la parte más profunda de las flores. Los polinizadores obtienen una recompensa: néctar dulce o polen que podrán comer.

ABEJAS Y OTROS INSECTOS

La mayoría de las flores son polinizadas por insectos que vuelan y que pueden moverse fácilmente de una flor a otra.

Las abejas son las superestrellas de la polinización. Buscan flores amarillas, azules y moradas. Transportan mucho polen y néctar a sus panales. Las abejas convierten el néctar en miel. Se comen el polen. Muchos de los **cultivos** que comemos dependen de las abejas para la polinización.

Un zumbido que se apaga
Los Estados Unidos han perdido más de la mitad de sus colonias de abejas. Las abejas están muriendo. Los científicos están tratando de entender por qué.

Las mariposas cargan menos polen que las abejas, pero visitan más flores rojas. Esto se debe a que a diferencia de las abejas pueden ver el color rojo. A las mariposas también les gustan los colores naranja, amarillo, rosa y azul. Visitan muchas flores.

Las polillas se mantienen activas de noche. Visitan flores blancas de olor dulce y beben mucho néctar. Pueden transportar el polen a través de largas distancias.

Tanto las polillas como las mariposas necesitan posarse antes de comer. Buscan flores que tengan un espacio donde puedan hacerlo.

Pequeñas, pero numerosas
Más de 200 mil **especies** de insectos son polinizadoras. Entre ellas están las moscas, los escarabajos, las avispas, las hormigas, las mariposas, las polillas y las abejas.

A moscas y escarabajos les gusta la carne en descomposición y el **estiércol**. Las flores polinizadas por moscas huelen a esas cosas. Son moradas o cafés y no producen néctar, solo polen. Las moscas y los escarabajos se alimentan de polen.

Una escalada
A las hormigas les encanta beber néctar, pero no son las mejores polinizadoras. Muchas flores tienen pelillos pegajosos que mantienen a las hormigas alejadas.

A las hormigas les encanta el néctar, pero no pueden volar. Para obtener el néctar, escalan de flor en flor. Visitan flores cercanas al suelo y de tallo corto.

AVES Y MURCIÉLAGOS

Algunas aves son polinizadoras. Las aves se sienten atraídas a flores grandes de color rojo, naranja o morado. Son flores que tienen mucho néctar. El polen es muy pegajoso y se pega a sus plumas y picos.

Cerca de 2000 especies de aves son polinizadoras.

Los colibríes **se ciernen** para beber el néctar. Otras aves se posan en las flores. Algunas aves tienen picos y garras afilados por lo que las flores polinizadas por éstas deben ser fuertes.

En regiones tropicales, las aves polinizan los cultivos. Entre ellos están las bananas, papayas y nueces moscadas.

Los murciélagos polinizan las flores de más de 500 especies de plantas. Son importantes para mangos, aguacates, cacao y otras. A los murciélagos les gustan las flores grandes, blancas y en forma de campana. Las flores se abren de noche. Tiene un olor fuerte.

Algunos murciélagos tienen lenguas muy largas. Pueden alcanzar el néctar que está al fondo de la flor.

Súper apestosa
Unos murciélagos llamados zorros voladores polinizan las flores del durián. El durián es conocida como la fruta más olorosa del mundo.

POLINIZADORES GRANDES

Los lémures son los polinizadores más grandes del mundo. Algunos escalan los árboles del viajero de Madagascar. Abren una flor, lamen su néctar y polen, el polen se les mete en el hocico y entre el pelaje y así obtiene un pasaje hacia la siguiente flor.

Los lémures también comen frutas, hojas, semillas, cortezas y savia de distintos tipos de árboles.

Hasta abajo

Australia es un centro de mamíferos polinizadores. La zarigüeya australiana, el petauro del azúcar y los murciélagos polinizan muchos tipos de árboles y arbustos nativos de esa isla.

AUSTRALIA

zarigüeya asutraliana

petauro del azúcar

zorro volador

También hay otros **mamíferos** polinizadores. En Sudáfrica algunos roedores polinizan los arbustos de azúcar. Sus flores huelen a leche o a quesos rancios.

Los científicos han descubierto que las lagartijas pueden ser polinizadoras. En algunas islas, los gecos y los escíncidos beben el néctar de las flores. El polen se les pega en las escamas. Así, es llevado de una flor a otra.

ACTIVIDAD

Haz un polinizador
Diseña un insecto polinizador y flores que pueda polinizar.

Qué necesitas
- limpiapipas
- filtros de café
- pajillas o popotes para beber
- palos
- bolas de algodón
- hisopos
- pinzas para ropa
- tijeras
- cinta adhesiva
- pegamento
- dos vasos de papel
- polvo para preparar bebidas sabor naranja

Instrucciones
1. Reserva los dos vasos de papel para hacer las flores. Luego, usa cualquiera de los materiales restantes para crear el insecto polinizador.
2. A medida que lo diseñas, piensa cómo beberá el néctar este insecto. ¿Cómo transportará el polen?
3. Luego, haz dos flores usando los vasos de papel, los limpiapipas y la cinta adhesiva.
4. Espolvorea una cucharada del polvo para preparar bebidas sabor naranja en el fondo del vaso. Este será el polen.
5. Haz que tu insecto entre y salga de las flores de papel.
6. ¿Hiciste un polinizador que puede llevar el polen de una flor a la otra?

Los polinizadores necesitan protección
Insectos y animales polinizan alrededor del 90 por ciento de las plantas en el mundo. Las poblaciones de polinizadores están decreciendo. La destrucción de sus hábitats, los pesticidas y el cambio climático son algunas de las causas de su declive.

GLOSARIO

adaptan: Que cambian para encajar mejor en el medio ambiente que los rodea.

cultivos: Plantas sembradas y cuidadas para que sirvan de comida a la gente o a animales.

especies: Grupos de plantas o animales cuyos miembros pueden aparearse y tener descendencia.

estiércol: Desechos sólidos de un animal.

mamíferos: Animales de sangre caliente que tienen pelo o pelaje y que usualmente dan a luz a sus bebés.

néctar: Un líquido dulce producido por las flores.

polinizadores: Animales de cualquier tipo, como los insectos que llevan el polen de una planta o de una parte de la planta a otra.

se ciernen: Que se mantienen en el mismo lugar en el aire moviendo las alas.

ÍNDICE ALFABÉTICO

aves: 6, 7, 14, 15

flor(es): 4, 5, 6, 7, 8, 9, 10, 11, 12, 13, 14, 15, 16, 17, 18, 19, 20

insectos: 6, 7, 8, 11

murciélagos: 6, 14, 16, 17, 19

néctar: 5, 7, 9, 11, 12, 13, 14, 15, 16, 18, 20

planta(s): 4, 6, 7, 16

polen: 4, 5, 7, 9, 10, 11, 12, 14, 18, 20

semilla(s): 4, 5, 18

PREGUNTAS RELACIONADAS CON EL CONTENIDO

1. ¿Cómo se ayudan flores y polinizadores entre sí?
2. Menciona tres polinizadores que no sean insectos.
3. Menciona dos formas en las que plantas y polinizadores se han adaptado entre sí.
4. ¿Qué animales polinizan de noche?
5. ¿Qué características de las flores atraen a los polinizadores?

ACTIVIDAD DE EXTENSIÓN

Siembra un jardín polinizador. Si no tienes mucho espacio, puedes cultivar las plantas en contenedores llenos de tierra. Escoge diversas plantas florales endémicas. Las flores deben tener distintos colores y formas. A mayor variedad, más polinizadores atraerás. No uses químicos cerca de tu jardín polinizador. Observa las flores y sus visitantes.

ACERCA DE LA AUTORA

Jodie Mangor escribe artículos de revista y libros para niños. También es autora de guiones para audioguías de museos de alto nivel y de destinos turísticos en todo el mundo. Muchas de esas guías turísticas son para niños. Vive en Ithaca, Nueva York, con su familia.

© 2023 Rourke Educational Media

All rights reserved. No part of this book may be reproduced or utilized in any form or by any means, electronic or mechanical including photocopying, recording, or by any information storage and retrieval system without permission in writing from the publisher.

www.rourkebooks.com

PHOTO CREDITS: Civer, page 1: ©RebeccaBloomPhoto; page 3, 22: ©marilyna; page 4: ©Kicky_princess; page 4 (apple): ©James Tillinghast; page 5: ©quatte; page 6: ©alexgrichenko; page 7: ©Mikhail Strogalev; pages 8-9: ©Betty Shelton; page 9: ©prasom99; page 10: ©BorutTRDINA; page 11: ©glennimage; page 12: ©NinooN; page 13: ©CasarsaGuru; page 14: ©cherrybeans; page 15: ©HarryCollins; pages 16-17: ©Rebecca Bloom Chapman; page 17: ©4FR; page 18: ©MinShi; page 19 (map): ©pop_iop; page 19a: ©miwa_in_oz; page 19b: ©Nearchos; page 19(c): ©phototrip; page 20: ©milehightraveler

Editado por: Laura Malay
Diseño de la tapa e interior: Rhea Magaro-Wallace
Traducción: Pablo de la Vega

Library of Congress PCN Data

Amigos polinizadores / Jodie Mangor
(Súper ciencias)
  ISBN 978-1-73165-474-8 (hard cover)
  ISBN 978-1-73165-525-7 (soft cover)
  ISBN 978-1-73165-558-5 (e-book)
  ISBN 978-1-73165-591-2 (e-pub)
Library of Congress Control Number: 2022940974

Rourke Educational Media
Printed in the United States of America
01-0372311937